Alexandra Köppel-Hirsch

Feuer und Flamme als Coach und Berater

Alexandra Köppel-Hirsch

Feuer und Flamme als Coach und Berater

Damit Deine berufliche Leidenschaft Dir keine Leiden schafft

Trainerverlag

Cover image: www.ingimage.com

Publisher:
Der Trainerverlag
is a trademark of
International Book Market Service Ltd., member of OmniScriptum Publishing Group
17 Meldrum Street, Beau Bassin 71504, Mauritius

Printed at: see last page
ISBN: 978-620-2-49449-6

Vorwort

Als Coach und Berater kümmerst Du Dich ununterbrochen um die Belange, Sorgen und Themen Deiner Klienten. Deine Leidenschaft und Deine Berufung ist es, den Menschen ihre Orientierung wiederzugeben und ihnen Durch verschiedene Techniken Lösungen ihrer Themen aufzuzeigen.
Nach einiger Zeit in diesem Beruf hast Du vielleicht schon alles Menschenmögliche gesehen und gehört. Nichts überrascht Dich mehr, oder verwundert Dich. Um so wichtiger ist es daher, daß Du auf Dich und Deine Gesundheit achtest.

Neben Deiner körperlichen Gesundheit ist natürlich Deine geistige Gesundheit von großer Wichtigkeit. Du kannst noch so viel Sport treiben, wenn Du nicht auch für einen gesunden Geist sorgst, gerätst Du aus der Balance. Es gibt mittlerweile so viele Angebote zu den Themen Achtsamkeit, Resilienz und Mindsetting, daß es schwer fällt die Essenz und das Wesentliche zu den Themen für innere Balance herauszufiltern. Ich gebe Dir Tips, die in jahrelanger Feedbackarbeit und Verbesserungsprozessen entstanden sind. So ist auf der einen Seite Körper und Geist zu betrachten und auf der anderen Seite natürlich auch Deine persönliche und geschäftliche Umgebung.

Solltest Du Ideen bekommen, wie diese Tips für Dich persönlich noch effektiver wirken könnten, dann probiere es gerne aus und setze diese Ideen gegebenenfalls für Dich um. Ich freue mich auf unsere gemeinsamen Kraftmomente und viele „Moments of Excellence“.
Du wirst zu jedem Tip ein paar leere Zeilen finden. Diese sind für Deine persönlichen Gedanken und Ideen gedacht. Alles was Dir weiterhilft oder Dich in Deine Balance bringt, hat hier seinen Platz.
Übrigens: In diesem kleinen aber feinen Workbook bin ich bei den Themen recht schnell auf den Punkt gekommen. Das ermöglicht es Dir mit Deinem persönlichen Anliegen gleich in die Übung zu gehen.
Genug der Theorie. Jetzt geht es um Dich und Deine Kraft. Viel Erfolg!

Ich bin Alexandra Köppel-Hirsch und seit 20 Jahren als Trainerin und Coach tätig. Als ich begann, diesen Beruf des Kommunikationstrainers und Coaches auszuführen hatte ich ein großes Ziel, Menschen weiterhelfen. Ich wollte gemeinsam mit Gruppen Themen ausarbeiten, denn meine Theorie war und ist bis heute, daß die selbständige Erarbeitung von Themen immer schneller ins Bewusstsein gerät, als der Monolog eines Dozenten oder Referenten. Die Lernpyramide nach Edgar Dale schien mir einer der wichtigsten Schlüssel zur Aneignung von Wissen zu sein. Ein anderes und wichtiges Thema war für mich mit einzelnen Personen den Blick von Oben auf das Große und Ganze zu richten. Ich erkannte, daß die eigene Landkarte der persönlichen Situation vergrößert werden muß, wenn ich Lösungen finden und umsetzen will. Das geht am besten mit dem Perspektivenwechsel. Ich startete meine berufliche Kariere bei einem Versicherer und bin heute sehr dankbar für die Erfahrungen, die ich machen durfte.

Mein Coachingbereich erstreckt sich mittlerweile von Vertriebscoaching bis zum Coaching mit der wingwave®-Methode. Mein Spezialgebiet ist die emotionale Arbeit. Ängste, ungünstige Gefühle und Blockaden werden gemeinsam mit meinen Klienten betrachtet und positiv gewandelt. Die positive Wandlung hat wiederum den großen Vorteil die eigenen Kernthemen (Auslöser der Ängste, Gefühle oder Blockaden) als das zu sehen, was sie sind ohne emotionale Verstärker. Das bedeutet, ich habe überwiegend mit Menschen zu tun, denen es gefühlt an Zeit, Know How, Toleranz und/oder Selbstbewusstsein fehlt. Alle diese Themen erzeugen für diese Menschen Stress, Druck und Unwohlsein.

Vor einigen Jahren rauschte ich dann selber in einen Zustand der Kraftlosigkeit und Hilflosigkeit. Egal welche Technik ich ausprobierte um Ruhe und den inneren Ausgleich zu finden, es hielt nur wenige Tage an. Danach kam mein persönliches Loch zurück. Das änderte sich mit einer Supervisionssitzung bei einem Coach, der auch mit energetischen Ansätzen arbeitet. Er stellte mir folgende Frage – Was ist für dich der Unterschied zwischen Mitleid und Anteilnahme? Da erkannte ich, daß der größte Teil meiner Verfassung an meiner Einstellung zu meiner Arbeit lag. Ich erkannte meinen Energiefresser und Emotionsverstärker. So begann ich die Energiefresser zu sammeln, welche ich von anderen Coaches in Supervisionssitzungen zugetragen bekam. Seitdem sind die Themen Mindset, Glaubenssätze, persönliche Haltung und Achtsamkeit meine große Herzensangelegenheit.
Außerdem gibt es noch wesentlich mehr Themen für das persönliche Wohlbefinden, welche sich mit der Tätigkeit und Deinem Wohlbefinden verknüpfen lassen. Bestimmt erkennst Du das eine oder andere Thema aus Deiner Coachingausbildung. Das spannende an diesen Themen ist, sie im ganz persönlichen Kontext wahrzunehmen und mit ihnen gut umzugehen. Aus der energetischen Arbeit habe ich gelernt, den eigenen Emotionen **an der passenden Stelle** mehr Raum zu geben und diese auch bewusst wahrzunehmen. Das Gute daran ist, daß ich so die Vorboten für Stress oder Erschöpfung sehr schnell für mich feststellen und entsprechende Maßnahmen ergreifen kann.

Gut im Coaching zu sein bedeutet, in erster Linie seinen eigenen Körper gut zu kennen und in der eigenen Mitte zu sein. Außerdem ist ein hohes Maß an Selbstliebe und die Liebe zu anderen Menschen ein unverzichtbares Thema.

Wie Du das auf Dauer erreichen kannst gebe ich Dir mit folgenden Tips gerne mit.

Inhaltsverzeichnis

Wem gehört das Thema (Arbeitsauftrag)?

Folgende Situation kennst Du bestimmt:
Dein Klient kommt voller Erwartung in Euren gemeinsamen Termin und spätestens bei der Erkenntnis, daß jede Veränderung zur Wunschsituation vom Klienten selber umgesetzt werden muß, ist die Enttäuschung groß. Dein Klient war der Meinung, daß Du die unangenehmen Themen für Ihn löst. Er war vielleicht auch der Meinung, daß Du Ihm die ultimative Lösung an die Hand gibst und es für Ihn dann leicht umzusetzen wäre. Du kannst regelrecht spüren wie sich die Hilflosigkeit, Angst oder auch Ohnmacht in Deinem Klienten breit macht.

An diesem Punkt schaltet sich jetzt die Stimme der Empathie bei Dir ein. Vielleicht hast Du auch schon so Sätze Deiner Empathie gehört wie „Du kannst Doch den armen Menschen nicht so alleine sitzen lassen“, „Was kannst Du tun, damit es dein Klient leichter hat?“, „Nimm Deinen Klienten an die Hand und begleite Ihn durch die Zeit der Veränderung. Schließlich zahlt er Geld“. Vielleicht hattest Du auch schon Klienten, bei denen alles besonders wichtig, heftig oder eilig war und die Stimme in Dir schreit förmlich nach Unterstützung für diesen Menschen.

Für die meisten von uns Coaches und Begleiter, ist dieser innere Dialog mit der Empathie nicht leicht auszuhalten. Grund ist unsere besonders sensibel ausgestattete Eigenschaft: Das Bedürfnis zu Helfen oder die Retter Rolle! Was jetzt unter Umständen passieren kann ist folgendes Szenario: Du bist so voller Empathie und Hilfsbereitschaft, daß Du Deinen eigentlichen Auftrag der Hilfe zur Selbsthilfe vergisst. Jede freie Minute bist Du dabei für Deine Klienten zu überlegen, wie die Kuh am besten vom Eis zu ziehen ist, oder was Du noch für Deinen Klienten machen könntest um Ihm den Umgang mit seinem Thema zu erleichtern. Vielleicht hoffst Du auch auf Empfehlungen Deiner Klienten, wenn Du ein Extra an Service für sie leistest. Das klappt allerdings nur bedingt.

Irgendwann wachst Du auf und stellst fest, daß dein Akku leer ist. Du fühlst Dich vielleicht müde oder erschöpft. Wenn eine neue Coachinganfrage kommt, ist statt Freude eher ein „wo soll ich diesen Termin jetzt noch unterbringen“ zu spüren. Du fängst unter Umständen an, an Dir zu zweifeln. Ist mein Vorgehen denn auch richtig? Habe ich die richtige Empfehlung ausgesprochen? Im Grunde sollte mein Klient mit seinem Thema schon weiter vorrangeschritten sein.
Kennst Du dieses Szenario?

Lasse uns den Ablauf gemeinsam zusammenfassen:

1. Klient gibt uns einen Auftrag zum Thema „Hilfe zur Selbsthilfe“

2. Wir erörtern den Ist-Zustand und das Ziel des Klienten

3. Wir erarbeiten mit dem Klienten dessen Vorgehensweise, um an das gewünschte Ziel zu gelangen. Dabei haben wir in unserem Handwerkskoffer einige Techniken, Vorgehensweisen und Übungen parat.

4. Techniken und Übungen sind auf Seite des Klienten verstanden. Das die Umsetzung allerdings von unserem Auftraggeber erfolgen muß ein Aha-Effekt für unseren Auftraggeber (Umsetzung kostet Kraft, Zeit und evtl. Nerven).

5. Klient versucht den Umsetzungsauftrag wieder an uns zurückzugeben. Dabei kommen die Emotionen des Klienten durch und wir erhalten das große Bedürfnis zu Helfen oder schlüpfen in die Retter Rolle.

6. Automatisch reden wir uns das erhöhte Engagement für unseren Klienten schön. Allerdings wissen wir auch ganz genau, daß wir spätestens jetzt wortwörtlich über Gebühr arbeiten.

Stelle Dir spätestens jetzt die Fragen: wem gehört das Thema? Wer hat den Wunsch das Thema zu be - oder verarbeiten? Wessen Aufgabe ist es für die Auflösung des Themas zu sorgen und daran zu arbeiten?
Antwort: DU NICHT!

Grundsätzlich ist dein Auftrag, die Themen Deines Klienten sichtbar zu machen und Lösungsansätze zu erarbeiten. Lösen muß dein Klient allerdings sein Thema selber. Um es in einem Bild auszudrücken:
Wenn ein Mensch gefallen ist, dann helfe Ihm auf. Versorge ihn mit der Fähigkeit wieder in Bewegung zu kommen. Laufen muß der Mensch allerdings selber.
Wenn Du das auch noch übernehmen würdest, dann würdest Du über kurz oder lang am Ballast der vielen Menschen zusammenbrechen, die sich an Dich anhängen.
Lösungsansätze für Dich als Coach:

Was kannst Du also tun, um Deinen Klienten mit seinem Part eines Coachings vertraut zu machen?

1. Kläre die Rollen gleich in der Auftragsklärung. Was ist Deine Aufgabe als Coach und was ist die Aufgabe des Klienten. Lasse Dir von Deinem Klienten bestätigen, ob er die Rollenaufteilung annimmt.

2. Fasse nach jeder Sitzung den aktuellen Ist-Zustand zusammen. Gebe Deinem Klienten mit den Lösungsansätzen auch den Nutzen dazu mit. Sprich, was hat dein Klient davon, wenn er die Lösungsansätze zeitnah umsetzt?

3. Lasse Dir regelmäßig Feedback von Deinem Klienten über das Gelingen seiner Lösungsansätze geben. Ein Lob an Deinen Klienten spornt Ihn sicherlich an.

4. Gehe auch Du für Dich regelmäßig in die Rollenklärung. Eine Möglichkeit ist regelmäßiger Rückzug für eine persönliche Zusammenfassung über den Coachingverlauf mit Deinen aktuellen Klienten. Das kann zum Beispiel ein wöchentliches Teammeeting mit Dir selber sein. Setze am Ende der Woche eine Reflektionsstunde in Deinen Kalender.

Bleibe bei Dir

Lasse uns noch einen Moment im Thema der eigenen Kraft und dem persönlichen Mindset bleiben.
Wir hatten ja im vorherigen Tip die Themen des starken Bedürfnisses zu Helfen und der Retter Rolle angesprochen. Hier möchte ich genauer definieren was unter diesen Begriffen zu verstehen ist.
Starkes Bedürfnis zu helfen: Für Dich ist die Unterstützung anderer Menschen eine Berufung. Es macht Dir Freude und erfüllt Dich, wenn bei Deinen Mitmenschen Erleichterung, Lebensfreude und Zufriedenheit die

Folge des Kontaktes mit Dir sind. Der Erfolg Deines Klienten, der sich durch die Zusammenarbeit mit Dir einstellt, macht Dich stolz.

Retter Rolle: Der Retter stammt aus der Transaktionsanalyse (Dramadreieck) und tritt als Verhaltensrolle in der zwischenmenschlichen Kommunikation auf. Die Idee des Retters ist, ich bin dann OK, wenn ich helfen kann. Bei besonders ausgeprägten Rettern kommt dieser Rolleneinsatz sogar ungebeten zum Einsatz. Das wiederum kann bei den „Geretteten" eher zum Gefühl der Bevormundung führen.
Grundsätzlich ist das gute Gefühl zu Unterstützen und der gemeinsamen Ausarbeitung von Lösungen, eine Grundvoraussetzung für den Beruf des Coaches und des Beraters.

Aber Achtung: Too much ist Quatsch!
Gerade bei wirklich emotionalen Themen wie Verlust, Selbstwertgefühl, Ängsten oder gefühlte Leere neigen wir sehr schnell zu Mitleid. Das Fatale am Mitleid steckt im Namen selber. Mit-leiden....
Jetzt sagst Du sicherlich „Es gehört doch allerdings dazu, die Ängste und Befürchtungen des Klienten aufzunehmen und empathisch zu handeln. Wenn ich meinem Klienten nicht zeige, daß ich sein Gefühl verstanden habe fühlt er sich nicht ernst genommen!". Ja, Empathie und Mitgefühl sind in unserem Beruf mit das wichtigste. Mitleid nicht.
Hier die Definitionen:

Mitleid = starke (sich in einem Impuls zum Helfen, Trösten o. Ä. äußernde) innere Anteilnahme am Leid, an der Not o. Ä. Anderer
(Quelle: Duden)
Mitgefühl = Anteilnahme am Leid, an der Not o. Ä. Anderer
(Quelle: Duden)

Der Unterschied ist die Distanz, die es braucht, um klar mit dem Thema des Klienten und Dir zu bleiben.
Bei Mitleid machst Du das Thema des Klienten zu Deinem Thema. Diese Situation ist für beide Seiten ungünstig und kontraproduktiv.
Fassen wir zusammen:

1. Unser Auftrag als Coach und Berater ist der Umgang mit Emotionen und Themen unserer Klienten.

2. Unser Auftrag in der Zusammenarbeit mit unseren Klienten ist es, einen guten Abstand zwischen dem Thema unserer Klienten und uns zu halten.

3. Falsch ist die Annahme, daß Mitleid für unseren Klienten eine gute Zusammenarbeit signalisiert.

4. Mitleid hemmt unsere Objektivität und somit die Klarheit für Situation und Ziel

5. Unser Auftrag als Coach und Berater ist der wertfreie Umgang mit den Themen der Klienten.

Wie bekomme ich Klarheit über meine Situation?

Auch hier wieder mein Lieblingstipp: Nehme Dir regelmäßig Raum für Stille und Reflektion. Mindestens ein Mal die Woche. Geübte Reflektierer gehen täglich in die Selbstklausur.

Stelle Dir folgende Fragen:

1. Wie fühle ich mich in meiner Rolle als Coach und Begleiter? Bin ich müde? Ist der Beruf noch meine Berufung?

2. Wie sehr berühren mich die emotionalen Themen meiner Klienten?

3. Fühle ich mit oder leide ich mit?

4. Kann ich einen professionellen Abstand spüren oder ist die Person mit Ihrem Thema schon unangenehm nah an mir dran?

5. Neige ich zur Rettung oder kann ich auch gut aushalten, wenn nicht gleich der erste Lösungsversuch bei meinem Klienten fruchtet?

Weitere Ideen für einen guten beruflichen Alltag: Führe ein positives Notizbuch. Schreibe täglich auf was Du am Tag Positives erlebt hast und was Dein Anteil daran war!
Mache Dir eine Liste in der ersichtlich wird, womit Du gut umgehen kannst und bei was Du evtl. selber Ideen oder Unterstützung gebrauchen kannst.
Verschaffe Dir Raum für den inneren Dialog in Form von Traumreisen oder Meditation.
Suche Dir eine Person des Vertrauens, die auf sachlicher Ebene gut reflektieren kann.
DU TRÄGST NICHT DIE VERANTWORTUNG FÜR DAS LEBEN ANDERER!

Bleiben wir bitte noch ein wenig bei dem Thema Supervision. Sie ist für Dich ebenso wichtig, wie die Coachingsitzung Deines Klienten mit Dir. Es geht hier um Klarheit und die große Möglichkeit für Dich in Deinem Beruf weiterzukommen und nicht dem Stillstand ausgesetzt zu sein.

Die Supervision kann mit verschiedenen Techniken angeleitet werden. Suche Dir verschiedene Coaches, die Du persönlich für vertrauensvoll hältst und die mit verschiedenen Coachingansätzen arbeiten. So kannst Du für dich gewährleisten, daß Deine Themen in alle Richtungen beleuchtet werden. Supervision würde ich auf alle Fälle 4 Mal im Jahr empfehlen. Wie findest Du das für Dich wichtigste Thema heraus, über welches Du gecoacht werden solltest?
Lege Dir am besten eine Art Tagesnotizbuch zu. Schreibe auf, was Dir an diesem Arbeitstag nicht behagt hat. War es ein Charakter, mit dem Du nicht besonders gut zurechtgekommen bist? War es ein Thema, welches Dir nachgegangen ist? Hattest Du vielleicht sogar eine Konfliktsituation, in der Du Dir nicht sicher warst, ob Du nicht hättest auch anders reagieren können? Sammle all diese Themen und gehe in regelmäßigen Abständen mit Dir in Klausur. Die Themen, welche Dich auch noch nach einigen Tagen oder Wochen beim Lesen aktivieren, sind wertvoll für die Supervision.

Manchmal kannst Du auf diese Art auch alte Muster von Dir entdecken und verarbeiten. Alleine das ist bereits den Aufwand wert. Du tust es für dich!

Nein-Sagen

Eines Abends klingelte mein geschäftliches Handy. Es war eine Frau dran, die auf Empfehlung einer Klientin anrief. Sie wirkte sehr zerbrechlich und müde. In unserem ersten Gespräch ging es der Frau um Ihre Orientierung, welche Sie verloren hatte. Aus Themensicht ist das natürlich für Coaches das tägliche Brot und daher auch kein verwunderliches Anliegen. Wir verabredeten uns also zu einem ersten Kennenlernen und der weiteren Auftragsklärung.

In unserem nächsten Termin wurden wir dann schon konkreter. Hier ging es speziell um das Thema Ehe oder Freiheit. Auch das passiert täglich. Jetzt kommt aber der eigentliche Auftrag der Frau. Ich sollte für Sie die Entscheidung treffen. In Ihrer Welt kam so etwas wie die Verantwortung für das eigene Leben zu tragen nicht vor. Glaube mir, ich kenne Kollegen die das Geld nehmen und ihre Klienten von allen Sünden frei sprechen. Das gehört vielleicht in die Kirche, aber nicht in unsere begleitenden und beratenden Maßnahmen.

In dem Moment, in dem Dir eine andere Person ein Problem übergeben will, gibt es nur 1 richtige Antwort: NEIN!
Ein anderes Beispiel spielte sich in der Führungsebene eines großen Konzernes ab. Die Führungskraft bat mich um ein Gespräch, da Ihre Mitarbeiter nicht mehr mit Freude und Elan bei der Sache waren. Bei näherer Betrachtung erkannte ich, daß sich die Rahmenbedingungen für die Mitarbeiter geändert hatten, die Veränderung wurde allerdings durch die Führungskraft nicht klar kommuniziert. Der Auftrag der Führungskraft war also folgender: Erklär den Leuten die tollen Vorteile der neuen Welt.
Die Führungskraft hatte Angst Ihr Standing zu verlieren. Sie wollte sich nicht mit diesem Teil ihrer Aufgabe als Führung auseinandersetzen. Auch hier könnt Ihr als Coaches nur verlieren! Gebt diesem Auftrag ein klares NEIN.

Vielleicht kennst Du auch die Klientenanfragen, bei denen es sehr speziell wird und ein Therapeut die richtige Wahl wäre. Hierbei geht es nicht mehr um Orientierung, Selbstreflektion oder Feedback. Diese Anfragen entlarven sich auch nicht immer auf den ersten Blick als Hilferuf. Sichere Dich daher in Deinen allgemeinen Bedingungen ab und hinterfrage auch hier schon ob psychische Krankheiten bestehen oder gerade durch einen Therapeuten behandelt werden. Sobald sich die Situation für Dich ungut anfühlt sage NEIN.

Ein weiterer Faktor ist Deine eigene Kraft und Gesundheit. Hier hat sich die sogenannte Bettkantenübung bewährt. Setze Dich jeden Morgen nach dem Aufwachen aufrecht an Deine Bettkante. Beide Füße sind stabil auf dem Fußboden platziert und Du spürst Stabilität. Schließe die Augen. Wandere im inneren Auge durch Deinen Körper. Fange bei den Füßen an. Wandere über die Waden und Oberschenkel zu Deinem Gesäß. Gehe dann über den Bauch und Brustkorb weiter bis hin zu Deinem Kopf. An jeder Station Deines Körpers stelle Dir folgende Frage. Was spüre ich? Fühle ich mich gut oder habe ich Schmerzen? Spüre ich ein Unwohlsein oder bin ich mit dem Feedback meines Körpers zufrieden?
Diese Übung dauert etwa 5 Minuten. Sie hilft Dir ein Update über Deinen

Körper zu erhalten und gezielt Maßnahmen zu ergreifen um Dich bei Bedarf wieder ins Lot zu bringen.
Ist tatsächlich ein Tag dabei, an dem sich Dein Körper schwer oder erschöpft anfühlt, dann verschiebe am besten die Coaching-Sitzungen. Die Ergebnisse der Sitzungen im erschöpften oder kranken Zustand lassen aus Erfahrung sehr zu wünschen übrig. Also eher NEIN.

Fassen wir zusammen:

1. Hinterfrage und achte darauf, ob Dein Klient seinen Arbeitsauftrag an Dich weitergeben möchte.

2. Kläre die Erwartungshaltung Deines Klienten. Möchte er das Du seine Entscheidungen fällst damit er später sagen kann, daß er auf einen Rat hörte, Auftrag ablehnen.

3. Spüre täglich in Deinen Körper hinein. Wie bist Du seelisch und körperlich drauf? Beschäftigen Dich eigene Emotionen oder körperliche Schmerzen oder Krankheiten?

4. Ein ehrliches NEIN ist immer besser als ein JA mit Folgen.

Zeit ist das A und O

Erst neulich hörte ich wieder von einem Vertriebsleiter den Spruch „Lassen Sie uns zackig loslegen. Schließlich ist Zeit Geld!". Ich sagte Ihm, daß das falsch sei. Er blickte mich irritiert an. Die Erklärung meines Vetos lautete wie folgt „Zeit ist eine Maßeinheit und Geld ist ein Zahlungsmittel. Somit ist das Eine also auch nicht das Andere". Er schaute noch irritierter.
Auf die Frage, was er mir eigentlich sagen wollte, kam natürlich die Metapher heraus, daß jede Minute in der er „unproduktiv" ist, sein Unternehmen Geld kostet. Ich hinterfragte: „Habe ich das gerade richtig verstanden, daß unsere

gemeinsame Zusammenarbeit unproduktiv ist und außer Kosten keinen Mehrwert bringt?". Wieder Irritation auf dem andern Stuhl. Ich bat ihn, mir bitte mit aller Ehrlichkeit seine persönliche Priorität unserer gemeinsamen Arbeit zu nennen. Schlussendlich kam heraus, daß wir den Termin verschoben haben, da sich dringende Aufträge ergaben, die keinen Aufschub zuließen.
Was lernen wir daraus? Zeit ist durchaus ein wichtiges Gut. Mein Klient und ich hätten 10 Minuten unserer beider kostbarer Zeit nutzvoller verbringen können, wenn die Verschiebung des gemeinsamen Termins einfach im Vorfeld abgesprochen worden wäre. Beides erledigen zu wollen ist immer ungünstig. Auf der einen Seite das persönliche Thema zu bearbeiten und gleichzeitig den Alltagsstress im Hinterkopf zu haben, funktioniert nicht. Hier ein Tip der Stress verhindert: Deine Arbeit ist zu **wertvoll**, als sie irgendwo zwischen zwei Termine zu klemmen!

Genau wie meinem Klienten geht es allerdings auch vielen Coaches. Wir wägen häufig zu unseren körperlichen und geistigen Ungunsten ab. Immer im Anbetracht auf unser Pflichtbewusstsein, schieben wir und quetschen wir Termine in viel zu kleine Zeitlücken. Am Ende des Tages wundern wir uns warum wir ausgepowert und erschöpft sind, oder die Lust an unserer wunderbaren Arbeit verlieren.

Mir ist natürlich auch bewusst, daß wir alle eine effektive Kalkulation hinlegen müssen, um von unserer Arbeit leben zu können. Auch für uns Coaches ist das Über-Leben nicht mit Licht und Liebe erledigt. Allerdings kann ein zu knapper Zeitrahmen für Dich und Deine Arbeit nach außen hin unprofessionell wirken. Die Frage ist: Wie willst Du gesehen werden?
Es soll wohl die Mär existieren, daß Coaches nur dann angesehen und gut gebucht werden, wenn Sie den Eindruck erwecken, daß ihr Terminkalender zum Bersten voll ist. „Stell Dir vor, die XY muß so gut sein, daß Du vor einem halben Jahr Wartezeit keinen Termin mehr bekommst". Nur wer einen übervollen Terminkalender hat, der ist im Business angekommen. Ich hinterfrage noch einmal: ist Stress wirklich das Maß aller Dinge und eine Maßeinheit für Qualität?

Wie willst Du gesehen werden?

Möchtest Du einen hektischen Eindruck hinterlassen?
Möchtest Du einen überarbeiteten Eindruck hinterlassen?
Möchtest Du einen erschöpften Eindruck hinterlassen?

All diese Eindrücke können auf Deine Klienten eher bedenklich oder sogar störend wirken. Überlege für einen Moment selber. Möchtest Du mit einem

Coach zusammenarbeiten, der unter Stress und Termindruck steht? Möchtest Du mit einem Coach eine Beratung machen, die nach genau 45 Minuten mitten im Thema beendet wird? Ist das hilfreich für Dich als Klient? Ist das wertschätzend für Dich als Klient? Ist das wertschätzend und hilfreich für Dich als Coach?
Meine Erfahrung (und die Erfahrung meiner Kollegen) hat gezeigt, daß nur der Coach auf lange Sicht Erfolge feiert, der in seiner Mitte ist und das auch nach außen vermitteln kann. Eine realistische Zeitplanung für die Sitzungen hat mehrere Nutzen für Dich:

1. Du kannst das aktive Zuhören besser Steuern

2. Deine Konzentration bringt die Themen Deiner Klienten auf den Punkt. Das macht Dich zu einem Wertvollen Ratgeber

3. Deine Ausstrahlung signalisiert Sicherheit in dem was Du tust

4. Es macht Dich zu einem Vorbild Deiner Ratsuchenden

5. Du fühlst Dich wacher und sicherer in der Zusammenarbeit mit Deinen Klienten

6. Die Quote der Fehleinschätzungen von Situationen oder emotionalen Verfassungen Deiner Gegenüber sinkt. Auch das gibt Dir mehr Sicherheit in Deiner beratenden Funktion

All das hilft Dir für Deine Klienten ein ernsthafter Partner zu sein. Weiterempfehlung inklusive.

Wie taktest Du Deine Sitzungen? Wieviel Zeit lässt Du Dir zwischen den Coaching Sitzungen? Was machst Du in Deinen Pausen?
Beobachte für drei Tage Deinen Arbeitsrhythmus und Dein Zeitmanagement. Bevor Du weiterliest, notiere Dir ganz ehrlich den Tagesablauf dieser drei Tage und wie Du Dich am Ende eines Arbeitstages fühlst.

Willkommen zurück. Welche Erkenntnisse hast Du gewonnen? Wie fühlst Du Dich?
Was könntest Du ändern? Hier ein paar Erfahrungswerte für Dich aus der Praxis von 18 Jahren:

1. Nehme Dir für Deine Sitzungen zwischen 60-75 Min Zeit. Nichts ist unangenehmer, als mitten einem Coaching zu unterbrechen wenn der Klient gerade selber in Lösungsansätzen steckt oder in emotionalen Situationen festhängt.
2. Small Talk ist ein wichtiger Bestandteil Deiner Sitzungen mit dem Klienten. Je besser die persönliche Ebene, desto größer das Vertrauen und somit die Bereitschaft der Mitarbeit. Rechne auch hier mind. 6 Minuten ein.
3. Nehme Dir zwischen den Sitzungen mindestens 20 Pause. Mache Atemübungen, trinke genug und überlege Dir ein Ritual, wie Du das vorherige Coachinggespräch im wahrsten Sinne abstreifen kannst.
4. Teile Dir Deinen Tag in Deinem Biorhythmus auf. Wenn Du ein Nachmensch bist, dann biete die ersten Coachinggespräche eher gegen 11:00 Uhr an und arbeite dann bis 20:00 Uhr.
   Bist Du ein Frühaufsteher, dann kannst Du ohne Probleme die ersten Sitzungen gegen 08:00 anbieten und gegen 16:00 oder 17:00 enden.
   Tip am Rande – Wenn möglich, beziehe den Biorhythmus Deines Klienten mit in Deine Planung ein. Deine Klienten werden es zu schätzen wissen.
5. Arbeite mit Kalendern, die eine Übersicht über die komplette Woche geben. Das gibt Dir Orientierung und Sicherheit. Außerdem fällt Dir die Planung Deiner privaten Vorhaben leichter.
6. Plane für Dein persönliches Wohlbefinden alle drei Monate eine Supervision mit einem Coach Deines Vertrauens ein. Am besten Freitags, so kannst Du Deine Themen über das Wochenende gut sacken lassen.
7. Nach der letzten Sitzung ist das Telefon stumm! Jetzt beginnt Deine Quality – Time.

Everybody´s Darling is Everybody´s Depp

Es gibt das Gerücht, daß Coaches ein sehr ausgebildetes Ego haben sollen. Hast Du das auch schon gehört ☺?

Vielleicht hattest Du auch schon einmal den leichten Anflug an Eifersucht, wenn über einen Kollegen von Dir ganz positiv gesprochen wird oder dieser sogar überschwänglich gutes Feedback erhält. Ist es Dir evtl. schon passiert, daß Du Dich mit anderen Coaches verglichen hast oder Redewendungen und Teile der Körpersprache eines Vorbildes von Dir übernommen hast? Grundsätzlich ist nichts Verwerfliches daran, gute Ideen oder erfolgreiche Markenzeichen anderer zu übernehmen. Es sollte grundsätzlich aber zu Dir passen.

Ich kenne einen Coach, dem das Thema „Ich möchte Jedem gefallen" gesundheitlich auf die Füße fiel.
Um Dir das Beispiel dieses Coaches näher zu bringen, nennen wir den Coach einfach mal Bella. Bella war eine Meisterin ihres Faches. Sie konnte Menschen manipulieren wie keine Zweite. Sie war im Vertrieb eine echte Kanone. Die Kunden rissen Bella die Waren regelrecht aus den Händen und schwärmten von Ihrer Persönlichkeit in den höchsten Tönen. Das hatte auf Dauer zur Folge, daß Bella mit jedem anderen Coach in einen persönlichen Wettstreit ging. Ob der Andere wollte oder nicht, Sie wollte immer wissen wer der Beste im ganzen Land war. Irgendwann verlor Bella den Sinn für die Realität und begann Ihre Kollegen in Ihrem Umfeld qualitativ und persönlich herabzusetzen. Sie wollte überall die beliebteste Frau sein und von allen gefeiert werden. Irgendwann drehte sich aber der Wind und Bellas Umfeld erkannte Ihre Intention. Die Menschen um Sie herum fingen an auf Abstand zu gehen. Es war Ihnen unangenehm und peinlich, daß Sie sich für Bella zum Spielball machen ließen und das nicht gleich durchschauten. Bella bekam immer schlechtere Rückmeldung und wurde von Ihren Kollegen eher mit Vorsicht genossen. Das alles entzog Bella den Boden unter den Füßen. Sie zerbrach an diesen Folgen und zurück blieb ein Quell der Unsicherheit und der Mißgunst.
Das war natürlich ein extremes Beispiel. Die Quintessenz daraus ist allerdings eine wichtige Botschaft. In dem Moment, in dem Du es allen recht machen möchtest, hast Du verloren!
Die Hintergründe können dabei unterschiedlich sein. Sei es, daß Du aus dem Fürsorgeaspekt handelst oder tatsächlich dein Ego befriedigen willst. Der Ansatz für ausschließliche positive Feedbacks macht auf Dauer einsam und krank. Dazu kommt ein weiterer wichtiger Aspekt. Menschen, die es allen recht machen wollen, werden zum Spielball ihrer Umgebung. Jedes Nein zur eigenen Person ist wie ein Messerstich. Wenige Menschen können gut damit

umgehen. Lasse uns gemeinsam auf der Erwachsenen-Ebene betrachten, was ein Nein zur eigenen Person eigentlich bedeutet.

Folgende Hintergründe kann ein Nein zur eigenen Person aus Sicht des Dialogpartners haben:

1. Ich kenne eine andere Person, die kleidet sich wie Du. Diese Person hat mich im Kindergarten ständig in die Ecke gestellt...

2. Meine Oma hatte die gleichen Redewendungen. Meine Oma hatte ständig etwas an mir auszusetzen...

3. Die Coachingmaßnahme habe ich persönlich nicht bestellt. Mein Partner, Chef, Kind hat gesagt ich soll das machen...

4. Deine Stimme und Sprache erinnert mich an eine Person, die ich schon in der Schule nicht leiden konnte...

Um es auf den Punkt zu bringen. Wir Coaches werden von Anfang an verglichen, gemessen und gewogen ☺. Wenn jetzt noch dein Anspruch darin besteht es diesem Menschen, der Dich vergleicht und misst, recht zu machen, hast Du für nichts anderes mehr Zeit und Kraft.
Lerne mit Ablehnung umzugehen. Lerne das Nein zu Deiner Person zu akzeptieren. Auf der anderen Seite gibt es mit Sicherheit auch Menschentypen oder Personen, mit denen Du nicht klarkommst oder klarkommen willst. Wir Menschen lieben Schubladen, da diese für Orientierung sorgen und unser Weltbild bestätigen. Die wenigsten Menschen sind bereit ihre Schubladen regelmäßig auszumisten und umzusortieren.

Die wichtigste Botschaft ist aber: **Es steckt keine böse Absicht dahinter!**
Sei froh für jedes ehrliche Nein zur Dir als Coach. Das erspart Dir im Nachgang viel Klärungsarbeit und während den Sitzungen viel Kraft.
Für jede Person die Nein zu Dir sagt, gibt es einen Menschen, der auf Dich und Deine Persönlichkeit schwört. Das sind dann auch die Kooperationen, die ein tolles Ergebnis bringen und die Dich weiterempfehlen. Hier stimmt alles.
Solltest Du also merken, daß es zwischen Dir und Deinem Klienten nicht auf Anhieb funktioniert, frage Ihn offen, ob er mit Dir zusammenarbeiten möchte. Hier ist Ehrlichkeit das oberste Gebot. Dein Klient darf sich durchaus auch gegen die Zusammenarbeit mit Dir entscheiden. Hinterfrage, was dein Klient braucht um mit Dir zu arbeiten. Liegt es an persönlichen Themen, dann gebe Deinen Klienten besser an einen Kollegen ab.

Professionalität besteht nicht darin sich bestmöglich zu verbiegen, sondern darin zu erkennen, wann eine Zusammenarbeit nicht möglich ist.
Und hier noch einmal der Hinweis: Ein Nein zu Dir ist im Beruf des Coaches durchaus möglich und es liegt an Dir das eigentliche Geschenk darin zu sehen.
Deine Liebe und Dein Verständnis zur Menschlichkeit. DU BIST OK!

Bewerten und Beurteilen

In Deiner Coachingausbildung hast Du mitunter gelernt Deine Klienten von Anfang an als weiße Leinwände zu betrachten. Ganz nach dem Motto der Transaktionsanalyse „Ich bin OK - Du bist OK" ist diese Haltung für Dich enorm wichtig, um Vorurteile oder eigene Muster bei der Begleitung fremder Personen zurückzustellen. Die Bereitschaft als Coach die eigenen Glaubenssätze oder Leitlinien zurückzuhalten, ist für ein Gelingen des Coachings von extremer Wichtigkeit._Du wirst in Deinem beruflichen Alltag allerdings auch vieles hören oder schon sehr viel gehört und gesehen haben, daß einem Leben innerhalb der Norm eher weniger entspricht. Es können Themen aufs Tablett kommen, die aus Deiner Sicht evtl. nichts mehr mit dem Begriff „normal" zu tun haben. Und genau um dieses „normal" geht es jetzt.

Das private Umfeld der Menschen, die zu Dir kommen um Unterstützung zu erhalten, ist manchmal außergewöhnlich. Dabei reicht das Umfeld von Hobbys über Vorlieben (sexuell, kulinarisch, musikalisch usw.) bis hin zu jahrelangen Angewohnheiten oder Erfahrungen. Manchmal erfährst Du als Coach ganz ohne es zu wollen von diesen außergewöhnlichen Geschichten Deiner Klienten. Dahinter stecken die verschiedensten Begebenheiten. Manchmal rühmen sich die Menschen damit, manchmal glauben die Klienten, daß es für Dich als Coach wichtig ist um Ihnen effektiver helfen zu können. Gelegentlich kommen die persönlichen Themen auch erst dann hoch, wenn währen dem Coaching ein Punkt erreicht wird, der tatsächlich tiefer geht als das Thema, welches Du unterstützend begleiten solltest.

Jetzt liegt es an Dir als professioneller Coach eine wichtige Entscheidung zu treffen. Das Coaching weiter begleiten oder unterbrechen und abgeben. **Achtung: Sobald Du Dich nicht mehr in der Lage fühlst als Coach weiter zu agieren, suche bitte einen Kooperationspartner (Coachkollegen, Therapeut o.ä.) und gebe das Coaching ab!**

An diesem Punkt stehst Du und Dein Wertesystem der weiteren Vorgehensweise des Coachings im Weg. Es wird Dir schwer fallen den Menschen vor Dir weiterhin als eine „weiße und unbemalte Leinwand" zu betrachten. Du kannst Deine neue Sichtweise und das neue Gefühl gegenüber Deinem Klienten nicht ausblenden. Es wird bei jeder Sitzung zu 100% präsent sein.

Aus meiner Erfahrung ist das Thema Professionalität an dieser Stelle der falsche Ratgeber. Jeder von uns hat Grenzen oder Themen, welche aus dem eigenen Rechtsempfinden nicht handelbar sind. Sei Dir dessen bewusst. Sei Dir auch bewusst, daß unser Arbeitsfeld so fragil und sensibel ist, daß der falschverstandene Anspruch auf Professionalität an dieser Stelle mehr kaputt machen kann als das er weiterhilft. Als Coach professionell zu sein bedeutet durchaus auch seine eigenen Grenzen zu erkennen. Die eigenen „Anti-Programme" zu kennen und diese bei Gelegenheit zu hinterfragen.

Wichtig ist also für ein dauerhaft gutes Gelingen Deiner Coaching-Sitzungen folgendes zu hinterfragen:

1. Was ist für mich „normal"?

2. Was kann ich wertfrei in meinen Coaching-Sitzungen annehmen und was nicht?

3. Wo ist meine Grenze?

4. Habe ich passende Kooperationspartner, die bei Bedarf meinen Klienten übernehmen können?

5. Welche persönlichen „Anti-Programme" habe ich?

Was kannst Du tun um Menschen, die nicht zu Dir als Klienten passen darüber zu informieren?

1. Definiere in Deinen Flyern, Deiner Webpage und Deinen Werbemitteln ganz sorgfältig bei welchen Themen Du Unterstützung leisten kannst und wo nicht.

2. Liste explizit Deine Themenfelder auf und sei dabei so konkret wie nur möglich.

3. Platziere in Deinen Teilnahmebedingungen ganz klar, daß ein Coaching keinesfalls der Ersatz eine Psychotherapie ist und versichere Dich, daß sich Dein Klient aktuell in keiner psychologischen Therapie befindet.

Abstand (er)halten

Auszeit ist eine wunderbare Zeit. Vermutlich die beste im ganzen Jahr! Du kannst Deine Seele baumeln lassen und einfach mal „privat" sein. Endlich mal über politisch unkorrekte Witze lachen, die Vorbildfunktion ausblenden oder mal in Ruhe einen guten Film ansehen....

Die konzentrierte Arbeit mit Einwänden, Emotionen und das passgenaue Abrufen von Lösungsansätzen belasten Deinen Körper auf Dauer enorm. Außerdem hat neben Deinen Klienten die Familie auch noch Erwartungen und Wünsche an Dich. Ohne regelmäßige Pausen sind auch wir Berater vor Burnout oder körperlicher Erschöpfung nicht geschützt. Leider vergessen die meisten Menschen, welche in begleitenden Berufen arbeiten, daß es genau diese Auszeiten sind, die die eigene Kraft erhalten. Daher ist es für Dich von extremer Wichtigkeit darauf zu achten, Deine Regenerationsphasen in

Deinen Alltag mit einzubinden. Du wirst dich jetzt fragen wie das gehen soll. Öfter im Jahr in Urlaub fahren? Wer soll das denn bezahlen?

Genau das ist der Punkt. Ich nutze immer gerne die Metapher mit dem Hamsterrad (Du wirst die Metapher gut kennen oder sogar selber als Bild an einen Klienten weitergeben), damit für Dich der Kern der Thematik klar wird. In dem Moment, in dem Du in einem Rad das Laufen beginnst, nimmst Du immer mehr Schwung auf. Ab einem bestimmten Punkt kannst Du diesen Schwung mit dieser unglaublichen Wucht nicht mehr von alleine stoppen. Wenn Du es versuchst, schleudert es Dich in diesem Rad sauber durcheinander. Das Rad dreht sich aber dennoch weiter und kommt erst nach einiger Zeit zum Stehen. Die Kunst besteht also darin, das Rad dann aus eigener Kraft anzuhalten, wenn die Wucht es noch zulässt. Das klappt am besten im täglichen Rhythmus.

Warum ist der tägliche Stop für Dich als Coach so wichtig?
Du musst zu jeder Zeit in der Lage sein aus den Situationen, die sich mit Deinen Klienten ergeben herausgehen zu können, um auf die Metaebene zu gelangen.
Du musst zu jeder Zeit im Stande sein zu den Themen Deiner Klienten den nötigen Abstand zu gewinnen.
Du musst zu jeder Zeit in der Lage sein das Berufliche vom Privaten zu trennen. Vielleicht ist Deine Coachingpraxis auch in der eigenen Wohnung oder im eigenen Haus? Dann ist genau dieser Punkt umso wichtiger.

Es gibt durchaus tolle Techniken, die täglich angewendet werden können. Diese Techniken sind kurzweilig und äußerst effektiv. **Du bist ganz herzlich eingeladen, alle auszuprobieren und die für Dich beste Technik in Deinen Alltag fest einzubinden.**

1. Den Tag abstreifen

Sobald der letzte Klient gegangen ist und Du alles in Deinem Büro erledigt hast, versuche bitte folgende Übung aus - Öffne das Fenster, atme 3 Mal tief ein und aus. Stelle Dir dabei vor daß Du Belastungen, die Themen Deiner Klienten und alles was Dir gerade durch den Kopf schwirrt, loslässt und für den Rest des Tages verabschiedest. Jetzt streifst Du mit Deiner rechten Hand feste über Deinen linken Arm und das linke Bein. Dabei sagst Du Dir, daß alles, was nicht zu Dir gehört jetzt gehen darf. Das Gleiche machst Du mit Deiner linken Seite. Verabschiede Deinen Arbeitstag und danke für alles, was Du daraus lernen durftest.

2. Die Themen des beruflichen Alltags bis zum nächsten Tag sichern

An manchen Abenden fällt es sehr schwer abzuschalten. Viele Dinge gehen einem im Kopf rum. Das Kopfkino läuft auf Hochtouren und man hat das Gefühl nicht mehr zur Ruhe zu kommen. Kennst Du das?
Zum Beispiel fällt mir manchmal mitten in der Nacht ein, was ich am nächsten Tag noch unbedingt erledigen wollte und im gleichen Moment denke ich mir „hoffentlich vergesse ich das nicht!". Das können Telefonate mit Klienten zwecks Rückfragen sein. Das können E-Mails sein, Rechnungen, die noch rauszuschicken sind oder Quittungen für Zahlungen.
An manchen Abenden ist aber auch das Einschlafen schwierig. Manchmal fallen Dir vielleicht verzögert Sätze ein, welche ein Klient während der Sitzung äußerte oder Situationen, die er oder sie schilderte. Mit einem Mal fällt Dir ein Bezug zu dessen Thema ein und Du hast Angst diesen Gedanken wieder am nächsten Tag zu verlieren oder zu vergessen.
Deshalb gebe ich Dir folgenden Tip: Lege Dir auf Deinen Nachttisch immer einen Block und einen Stift hin. So kannst Du Gedanken oder To Dos notieren und den Kopf wieder offline stellen. Genauso gut geht es mit der Sprachmemofunktion oder der Notiz-App in Deinem Handy. Aufsprechen oder notieren sorgt immer für eine ruhige Nacht.
Guter Schlaf regeneriert Deine Nerven und dein Immunsystem!

3. Achtsamkeitsübung Body Scan

Diese Übung kannst Du zum Beginn des Tages ebenso gut machen wie zum Ende des Tages.
Setze Dich aufrecht auf einen Stuhl oder Sessel. Schließe die Augen und atme 3 Mal tief ein und wieder aus. Mach dich jetzt gedanklich auf die Reise durch Deinen Körper und hinterfrage alle Körperregionen nach ihrem befinden. Fange bei Deinen Füßen an. Wie fühlen die sich an? Sind sie schwer oder tun sie weh? Kribbeln sie oder sind sie warm? Was täte Deinen Füßen jetzt gut? Ein Bad oder eine Massage?
Gehe jetzt weiter zu Deinen Waden und spüre hinein. Sind Deine Waden hart oder entspannt? Spürst Du einen Krampf oder fühlen sich Deine Waden gut an? Was wäre jetzt gut für diese Partie Deines Körpers? Ein Spaziergang vielleicht?
Konzentriere dich jetzt auf Deine Oberschenkel und Dein Gesäß. Spürst Du Deine Sitzunterlage? Bist Du entspannt und locker oder eher verspannt?
Spüre jetzt in Deinen Rücken. Wie sitzt Du? Bist Du aufrecht oder nach vorne gebeugt? Wie fühlen sich Deine Brustwirbel an? Was wäre jetzt gut für Deinen Rücken? Möchtest Du Dich auf den Boden oder eine Matte legen?
Wären warme Umschläge jetzt hilfreich?
Wie fühlen sich Deine Schultern an? Sind Deine Schultern angespannt oder locker?

Wie geht es Deinem Kopf? Hast Du Kopfschmerzen oder geht es Dir gut? Wäre Bewegung jetzt gut für dich oder eher Deine Lieblingsmusik?

Diese Übung hilft Dir recht schnell einen Befindlichkeitsstatus Deines Körpers zu erstellen. Für Dich bedeutet das mit Deinem Körper in Kontakt zu gehen und achtsam gezielt auf die Bedürfnisse Deines Körpers einzugehen. Wohlbefinden ist die Folge.

4. Bettkantenübung

Diese Übung hilft Dir gut sortiert in den Tag zu starten. Werde Dir Deiner Emotionalität und den daraus entstehenden Empfindungen in Deinem Körper bewusst. So kannst Du gezielt auf die evtl. fehlende Ressource zurückgreifen und diese in Deinen Arbeitstag mit einbauen.
Setze Dich nach dem Aufwachen zuerst aufrecht auf Deine Bettkante. Stelle die Füße auf den Boden. Schließe die Augen und spüre wie Deine Füße und der Fußboden in Kontakt kommen. Stelle Deine Füße neben einander auf den Boden und stelle Dir vor, daß Du kleine Wurzeln bekommst, die sich mit dem Fußboden verbinden.
Jetzt stelle Dir folgende Fragen - Mit welchem Gefühl starte ich heute in den Tag? Wer ist für mein Wohl verantwortlich? Wie soll mein Tag heute verlaufen? Was tue ich mir heute Gutes?
Öffne danach die Augen und starte kraftvoll in Deinen Tag.

5. Pausen incl. Achtsamkeit

Ein Spaziergang wirkt wahre Wunder! Täglich 20 Minuten in Deiner persönlichen Geschwindigkeit gehen. Das versorgt den Körper und vor allem dein Gehirn mit Sauerstoff. Außerdem baust Du durch die Bewegung Adrenalin ab. Das wiederum sorgt für Gelassenheit und innerliche Ruhe.
Hier ein Extratipp für geübte Spaziergänger! Achtsames Spazieren. Das ist so einfach wie genial. Während Du läufst, bindest Du Augen, Ohren und die Nase aktiv mit ein.
Schau dich um. Welche Farben nimmst Du wahr? Was für Tiere begegnen Dir? Welche Pflanzen wachsen in Deiner Nachbarschaft?
Höre hin. Welche unterschiedlichen Geräusche kannst Du erkennen? Welche Geräusche sind für Dich wohltuend und welche eher unangenehm? Kannst Du Tiere hören? Kannst Du Deine Schritte hören? In welchem Rhythmus läufst Du?
Rieche hin. Welche Gerüche steigen Dir in die Nase? Wird gerade in Deiner Nachbarschaft gekocht? Welches Gericht könnte das sein? Stehen besonders riechende Pflanzen an Deinem Spazierweg? Woran erinnert Dich deren Geruch? Oder atmest Du frische und klare Luft ein?

Fühle hin. Wie ist die gefühlte Temperatur? Wie ist das Klima? Ist es trocken, heiß oder eher nasskalt?
Das Ziel der achtsamen Spaziergänge ist es, im Moment zu bleiben und für ein paar Minuten die Vergangenheit ruhen zu lassen. Ebenso das was noch laut Kalender kommen wird. Ein Ausflug in den Augenblick gibt dem Gehirn die Zeit für eine Pause.

Eine Mittagspause ist für geistige Arbeit sehr hilfreich um nicht zu sagen ein Muss! Die meisten Pausen verlaufen allerdings so: Oh, ich verspüre Hunger. Was ist noch im Kühlschrank oder was habe ich mir heute als Mittagessen mitgenommen? Während dem Essen könnte ich noch schnell die Mails checken oder einen Artikel lesen...
Kennst Du das?

Ein Zen-Meister sagte einmal: Wenn ich esse, esse ich. Nicht mehr und nicht weniger. Nehme Dir eine festgelegte Zeit für Deine Mittagspause wie z. B. 30 Minuten. Esse mit all Deinen Geschmackssinnen. Wie riecht Deine Mahlzeit? Welche Konsistenz hat dein Essen? Was kannst Du schmecken? Kaust Du oder schlingst du? Wie oft kaust Du bevor Du Deine Mahlzeit schluckst? Stelle in der Zeit Deiner Mittagspause Dein Telefon auf lautlos. Schalte Deinen Monitor ab und suche Dir einen bequemen Ort. Verbringe Deine Mittagspause wenn es geht an der frischen Luft oder lüfte währenddessen. Ein wunderbarer Nebeneffekt des achtsamen Essens ist eine gute Verdauung. Weniger Blähungen bei den folgenden Sitzungen und weniger Sodbrennen!

Guten Appetit.

6. Ernährung

Es gibt bei der Ernährung in unserem Beruf zwei Dinge zu beachten. Wir sitzen viel und arbeiten überwiegend mit unserem Gehirn.
Daher ist es wichtig auf das zu achten (Anregungen nach Dr. Med. Ulrich Bauhofer), was wir an Mahlzeiten zu uns nehmen, denn nicht alle Lebensmittel fördern bei der geistigen Arbeit Wohlbefinden. Stell Dir einmal vor, Du frühstückst morgens gerne im Trucker Stil. Ein leckeres Spiegelei mit einem Stück Leberkäs und Speck. Dazu weiße Brötchen mit ordentlich Butter und einem halben Liter Kaffee. Eine halbe Stunde später kommt dein Klient und berichtet Dir von seiner Antriebslosigkeit und der fehlenden Motivation im Arbeitsalltag. Gleichzeitig verspürst Du das Verlangen nach einer Runde Abliegen auf dem Sofa...

Es gibt mittlerweile Studien, die besagen: Frühstücke leichte Kost (Porridge oder ein Bircher Müsli). Der Verdauungsapparat arbeitet um diese Uhrzeit noch nicht ganz so optimal. Ein leichter Grießbrei mit einer Banane oder ein erfrischender Joghurt mit einem geraspelten Apfel ist auch sehr lecker. Die Tasse Kaffee sei Dir natürlich vergönnt ☺.
Esse gut zu Mittag, denn jetzt ist Deine Verdauung auf Hochtouren. Nach Lust und Laune darf es gerne der Kloß mit Soß sein oder ein gutes Stück Fleisch. Nicht vergessen: auch wenn die Verdauung mittags am Besten ist, ist essen unter Stress kontraproduktiv.
Wähle Abends erneut leicht verdauliche Kost und achte darauf, daß du nicht zu spät isst. Dein Vorteil bei dieser Art der Ernährung ist, daß Du Dich den ganzen Tag wohler und leichter fühlst. Mehr Energie also für die Arbeit Deines Gehirns!

7. Trinke viel

Unser Körper sowie unser Gehirn bestehen zum überwiegenden Teil aus Wasser. Es ist also naheliegend, daß Wasser das Element ist, was unser Körper benötigt um Deine Organe und vor allem dein Gehirn während Deiner Arbeit in Schwung zu halten.
Die Mediziner empfehlen ca. 300 ml / 1 Kg Körpergewicht. Das bedeutet, daß eine Person mit 80 kg ungefähr 2,5 l Flüssigkeit am Tag zu sich nehmen sollte. Wobei mit Flüssigkeit natürlich keine zuckerhaltigen Softdrinks oder Säfte gemeint sind. Um etwas Abwechslung ins Wasserglas zu bringen, habe ich hier ein paar Ideen für Dich.

Teeschorle
Das beliebte Getränk aus dem asiatischen Raum ist schnell hergestellt und schmeckt köstlich. Vermenge einen Tee Deiner Wahl mit einem Saft Deiner Wahl. Sehr lecker schmeckt z.B. Jasmin Tee mit Maracujasaft. Oder grüner Tee mit Kirschsaft. Auch sehr lecker ist Früchtetee mit Orangen- oder Pfirsichsaft. Hier sind Deiner Phantasie und Deinen geschmacklichen Vorlieben keine Grenzen gesetzt. Die geschmacklich beste Mischung verhält sich 1 Drittel Saft zu 2 Drittel Tee. Da das Auge bekanntlich mittrinkt, machen sich auch klein geschnittene Früchte im Getränk äußert gut.

Eistee
Eistee ist unglaublich schnell selber hergestellt. Du benötigst eine Karaffe, Eiswürfel und einen leckeren Tee. Brühe den Tee Deiner Wahl in einer Tasse auf und lasse ihn mind. 10 Minuten ziehen. Achte darauf, daß Du die doppelte Menge Tee verwendest, da der Eistee sonst zu wässerig schmeckt. Fülle die Eiswürfel zu zweidrittel in die Karaffe. Jetzt übergieße die Eiswürfel

mit der heißen Teeessenz. Fertig! Um etwas Süße zu erhalten empfehle ich die heiße Teeessenz mit Honig zu süßen.

Früchtewasser
Das gute Glas Wasser mit einem Zitronenscheibchen ist schon lange nichts neues mehr. Versuche doch mal Dein Wasser mit Beeren, Ananas, Melonenstücken oder Orangen zu parfümieren. Zusätzlich sorgen frische Kräuter wie Pfefferminze, Salbei oder Basilikum für einen echten Frischekick! Dabei ist darauf zu achten, daß Du die Kräuter etwas andrückst um die ätherischen Öle freizusetzen. Das kannst Du mit Deinen Händen tun oder mit einem Stößel im Wasserglas oder der Wasserkaraffe.
Salute!

8. Achte auf Deinen Inner Circle

Mit welchen Menschen verbringst Du Deine Freizeit? Sind das Menschen, die Dir Energie geben oder Energie abziehen?
In Deinem beruflichen Alltag hast Du zum überwiegenden Teil mit Energieräubern zu tun. Das ist keinesfalls böse gemeint, sondern ein ganz sachlicher Fakt. Du betrachtest mit Deinen Klienten deren Sorgen und Nöte und brauchst einen klaren Kopf um mit Deinen Klienten passende Lösungsansätze auszuarbeiten. Was passiert also mit Dir und Deinem Wohlbefinden wenn Du Deine freie Zeit auch noch mit Menschen verbringst, die Deine Energie für deren persönliches Wohlbefinden und ohne Rücksicht auf Dich in Anspruch nehmen?

Jeder von uns hat in seinem engeren Umfeld (inner circle) Personen die einem am Herzen liegen, die allerdings unbewusst ihre Themen ständig zu Deinen Themen machen möchten. Das kann die gute Freundin sein, die Dir bei jedem Treffen von ihrem schweren Alltag auf der Arbeit berichtet. Und nicht nur das, sie legt auch großen Wert auf Deine Meinung als Coach oder auf einen Rat von Dir. Das kann ein Familienmitglied sein, welches Dich bei den gemeinsamen Treffen auf die Schieflage der eigenen Ehe oder der eigenen pubertierenden Kinder anspricht und auch hier immer einen Rat einfordert. Dann gibt es noch die Kategorie der Bekannten, die anscheinend nur dann Deine Telefonnummer kennen, wenn sie ganz schlimme Probleme haben und nur mal kurz jemanden zum Reden brauchen.
Was dieses Thema allerdings so energieraubend macht ist die Tatsache, daß all Deine Tips, Ratschläge und literarischen Hinweise gefühlt ins Leere laufen. Diese Personen setzen nicht um, nehmen sich nichts zu Herzen oder denken über Deine Anregungen Nacht. Im Grunde ist es nicht mehr als sich bei Dir auszuschütten.

Kennst Du das Gefühl, daß Du bei manchen Personen an manchen Tagen einfach keine Lust hast ans Telefon zu gehen? Oder auf eine Text- oder Sprachnachricht zu reagieren? Gönne Dir hier ein klares „heute nicht"!
Die Erfahrung zeigt, daß hier die gut gemeinte Unterstützung meistens als Einladung oder Dauerpachtung Deiner Ressourcen verstanden wird. Hier reichst Du sprichwörtlich den kleinen Finger und bekommst die ganze Hand abgenommen. Was kannst Du also tun um Dich freundlich aber bestimmt von den Energiefressern fern zu halten? Die Lösung ist Klarheit und Wahrheit. Ein offenes, freundliches Wort hilft hier. Die Feedbackregel Wahrnehmung – Wirkung – Wunsch funktioniert an dieser Stelle ausgezeichnet. Gebe Deinem Energiefresser zu verstehen, daß auch Du ein Recht auf stressfreie Zone hast. Das könnte sich z. B. so anhören: „Liebe(r) XY, ich kann verstehen, daß die Situation YZ für dich gerade sehr ungünstig ist. Das nimmt unseren Treffen allerdings die Leichtigkeit, welche ich gerne mit Dir erleben möchte. Gerne würde ich jetzt mit Dir eine unbeschwerte Zeit genießen und bei Bedarf können wir für dein Thema einen Termin ausmachen".
Solltest Du für dein Feedback kein Verständnis erhalten dann frage Dich, ob die Person Deine freie Zeit verdient hat oder ob etwas Abstand an dieser Stelle sinnvoll ist.

Und noch ein Tip: Verlange für Freunde einen Freundschaftsbonus für Deine beratende Tätigkeit. Das kann ein Abendessen sein oder eine Einladung ins Kino. Der Grund ist einfach und hat auch hier keinen bösgemeinten Hintergrund: Was umsonst ist verliert irgendwann die Wertigkeit! Wir Menschen gewöhnen uns leider zu schnell an freundschaftliche Leistungen und sehen diese irgendwann als NORMAL an.
Also bitte nicht vergessen, auch wenn Du diese Menschen sehr gerne hast, es geht hier um Deine Zeit und Dein Handwerkszeug. Ein Klempner schenkt selbst für einen Freundschaftsdienst auch nicht die Rohmaterialien her. Diese sind ja auch teuer in der Anschaffung. Warum sollst also Du als Berater Dein Wissen und Deine Erfahrung verschenken?

9. Gestaltung Deines Arbeitsplatzes (Infoquelle aus Farbtherapie)

Sofern Du die Möglichkeit hast Deinen Arbeitsplatz nach Deinen Vorlieben zu gestalten, nur zu. Die Räume, in denen Du beraterisch tätig bist müssen für Dich unbedingt passen.

Das fängt schon bei den Farben an. Was sind Deine Kernkompetenzen? Welche Stimmung möchtest Du bei Deinen Sessions haben?

Rot: Kraft, Geschwindigkeit, Leidenschaft, Reibung
Rote Grundtöne in einem Beratungszimmer stimmen auf Aktion ein. Hier wird gearbeitet, aktiv diskutiert und mit Zahlen, Daten und Fakten agiert.

Orange: Lebendigkeit, Energie, Spaß
Orange Grundtöne in einem Beratungszimmer laden zum Träumen ein. Hier werden kreativen Köpfe sich wohlfühlen. Orange oder Terrakotta erinnert an den warmen Süden. Alles ist möglich.

Gelb: Jugend, Glück, Freundlichkeit
Wenn Du überwiegend Gelb in Deinem Beratungszimmer hast, dann strahlt die Wärme und Zuversicht auf die Klienten aus. Die Stimmung hebt sich und es lässt sich leichter über drückendere Themen sprechen.
Grün: Erfrischung, Ausgeglichenheit, Wachstum
Grüne Grundtöne in einem Beratungszimmer lassen aufatmen. Gelassenheit und Entspannung stellen sich ein. Hier lässt sich gut über persönliche Ziele und Wünsche sprechen.

Blau: Vertrauen, Sicherheit, Klarheit, Vertrauen
Blaue Grundtöne in einem Beratungszimmer vermitteln Sicherheit und Zuversicht. In dieser Umgebung lassen sich auch sachliche Themen sehr gut besprechen. Die Farbe lädt zum Lösungsorientierten Denken ein.

Lila: Spiritualität, Autorität, Weisheit
Lila Grundtöne in einem Beratungszimmer lassen die Gedanken gerne nach innen schweifen. Das Abschalten aktiver und belastender Themen gelingt hier gut. Die Farbe lädt zum Träumen ein und gibt Raum für Klänge und Stille.

Rosa: Sanftheit, Geborgenheit, Freundlichkeit
Räume mit viel Rosa im Grundton wirken beruhigend und spielerisch zu gleich. Diese Farbe zaubert ein Lächeln ins Gesicht. Sie fördert fröhliche und leichte Gespräche. Hier können sehr gut Feierlichkeiten oder andere freudige Anlässe besprochen und geplant werden.

Braun: Ernsthaftigkeit, Urtümlichkeit, Verlässlichkeit
Braune Grundtöne laden zu tiefsinnigen und philosophischen Gesprächen ein. Hier werden eher die schwereren Themen aufs Tablett gebracht. Auch Trauer ist hier kein Thema. Unbedingt auf die Intensität der Brauntöne achte. Je tiefer die Farbe, desto tiefer die Stimmung.

Weiß: Reinheit, Frieden, Tugend
Weiß als Grundfarbe von Besprechungsräumen lässt nicht viel Platz für

Interpretationen und Ablenkung. Hier wird Tacheles gerdet und Sachlichkeit ausgepackt. Klarheit auf allen Ebenen. Ein Ort für reine Tische.

Grau: Gerechtigkeit, Reife, Gelassenheit
Grau in den Grundtönen eines Besprechungsraumes hat etwas Gehobenes und Edles. In diesen Räumen kann alles passieren. Hier entstehen Visionen und große Träume. Hier kann auch gut die Emotion aus Themen herausgezogen werden. Neu Sichtweisen entstehen.

Vielleicht hast Du intuitiv die richtige Grundfarbe für Deine tägliche Arbeit gewählt. Sehr gut lässt sich auch mit den verschiedenen Grundtönen mischen und spielen. Die Grundfarbe Deines Raumes spiegelt auch ein Stück Deiner Persönlichkeit wider. Spannend ist auch, daß die Geborgenheit bei wärmeren Farbtönen größer ist als bei kühleren Farben. Du kannst also sowohl für Dich als auch für Deine Klienten ein Raum der Begegnung schaffen, welcher bei all den Themen einen unterstützenden Rahmen bildet.

10. Düfte sind sinnliche Unterstützer (Infoquelle aus Aromatherapie)

Grundsätzlich solltest Du so oft es geht am Tag lüften. Tiefes Durchatmen ist bereits wieder die Vorbereitung für das nächste Beratungsgespräch. Darüber hinaus bildet ein gut gelüftetes Zimmer mit frischer und klarer Luft eine sehr gute Arbeitsatmosphäre.
Um die Termine für Dich und Deinen Klienten noch angenehmer zu gestalten, hast Du die Möglichkeit mit Düften zur arbeiten. Diese unterstützen je nach Thema den geistigen Arbeitsprozess.
Du kannst mit Düften für die unterschiedlichsten Stimmungen Sorgen. Von anregend bis beruhigend ist alles über die Nase regelbar. Das passiert ganz nebenbei und gibt zusätzlich eine gute Starthilfen in die Sitzungen.

Was Dir bei Düften im beruflichen Aspekt gute Unterstützung leistet, hilft Dir auch im Feierabend und Deiner Freizeit. Genieße die Welt der Düfte für Deine Regeneration in Deiner freien Zeit. Du wirst erstaunt sein, wie gut Du Dein Wohlbefinden damit steuern kannst.

Früchte

Bergamotte, Zitrone: Hilft bei Situationen die Spannung herauszunehmen. Neue Energie kann entstehen und Frische und Lebendigkeit liegt in der Luft. Der frische Duft hat eine aufbauende und aufmunternde Wirkung. Er wirkt gut bei Niedergeschlagenheit und Erschöpfung.

Grapefruit: Wirkt motivierend und beglückend. Der Duft fördert unsere Motivation aktiv zu werden. Ist in den Morgenstunden ein guter Begleiter für Morgenmuffel.

Mandarine: Fördert die Kreativität. Hellt die Stimmung auf und unterstützt zähe Prozesse mit dem nötigen Frischekick. Depressiv gestimmte Menschen kommen mit Mandarine gut ins Gleichgewicht.

Orange: Ist Stress und Belastung in Verzug, dann unterstützt die Orange mit ihrer süßlichen und wärmenden Zitrusnote um wieder in ruhigere Fahrgewässer zu gelangen. Eine positive Grundstimmung stellt sich ein.

Pflanzen

Lavendel: Bei Aufregung und Nervosität unterstützt Lavendel. Er fördert Ruhe und ein wohltuendes Gefühl der inneren Ausgeglichenheit. Bei Melancholie wirkt Lavendel belebend und aufbauend.
Eukalyptus: Bei Trägheit und Lustlosigkeit wirkt der unverwechselbare Duft des Eukalyptus belebend und motivierend. Beim Lernen, kreativen Denken und sogar bei beraterischen Tätigkeiten unterstützt der Duft. Er suggeriert einen freien Kopf und macht ganz nebenbei noch die Nase frei.

Rose: Der Rosenduft bringt Harmonie in den Raum und berührt unsere Seele. Die Rose öffnet unser Herz und hilft uns Gefühle der Trauer, Kummer oder Leid zuzulassen und sich zu öffnen.

Vanille: Geborgenheit, Sicherheit und Trost sind im Duft der Vanille zu finden. Das innere Kind kann sich zeigen. Der Vanilleduft vermittelt auch Wärme. Er beruhigt und besänftigt.

Um einen kurzfristigen Duftkick zu aktivieren ist ein Zerstäuber ganz dienlich. Der Duft wird wahrgenommen, bleibt aber nur kurz im Raum.
Für ein längerfristiges Aroma empfehle ich hochwertige Duftkerzen oder ätherische Öle, welche in einer Duftlampe verdunstet werden. Bitte achte hier auf die Menge und die Intensität des Öls. Außerdem gibt es erhebliche Qualitätsunterschiede. Meine Empfehlung hier ist das Duftöl in der Apotheke, Reformhaus oder einem Kräutergeschäft zu besorgen. Hier erhältst Du zudem auch eine kompetente Beratung was die Qualität und die Herkunft der Produkte angeht.

11. Glückstagebuch / Positivtagebuch

Vielleicht kennst Du die Situation. Dein Arbeitstag ist zu Ende aber in Deinem Kopf arbeiten verschiedene kritische Gedanken und buhlen um Deine Aufmerksamkeit. Hast Du den richtigen Ratschlag gegeben? Hast Du die Einwände Deines Klienten richtig interpretiert? Konntest Du die emotionalen Befindlichkeiten Deines Klienten richtig einschätzen? Was werden die wohl alle über die Sitzung zu Hause erzählen?
Im Grunde drehen sich Deine kritischen Gedanken um ungelegte Eier. Darüber hinaus verlierst Du die positiven Momente Deiner Arbeit aus den Augen und das ist natürlich ein Ungleichgewicht.
Um dieses Ungleichgewicht auszuloten gibt es eine schöne Vorgehensweise. Schreibe ein Glückstagebuch oder einen Positivchronik. Wichtig dabei ist, daß Du Dich dabei ausschließlich um die positiven Situationen und Ergebnisse aus Deinem Arbeitstag kümmerst und diese zu Papier bringst. Natürlich geht das auch mit einem digitalen Word Dokument!
Notiere Dir also folgendes auf:

1. Welche positiven Ergebnisse konnten meine Klienten heute erzielen oder berichten?

2. Wie habe ich meinen Anteil an diesen Ergebnissen?

Wann immer Du also an Deinem Können, Deiner Persönlichkeit oder Deiner beruflichen Wahl zweifeln solltest, schaue in Dein Glückstagebuch/Positivchronik und schöpfe aus Deinen persönlichen Moments of Excellence neue Kraft und Kreativität.

Humor und Lachen

Humor ist der Knopf, der verhindert, daß einem der Kragen platzt (Zitat Joachim Ringelnatz)

Die Definition von Humor ist laut Duden: Fähigkeit und Bereitschaft, auf bestimmte Dinge heiter und gelassen zu reagieren.

Humor wirkt also darin, Themen und Situationen eine andere emotionale Bedeutung zu verleihen. Somit kannst Du für Deinen Klienten eine Atmosphäre bieten, die es erlaubt, aus dem Gefühl der Befangenheit herauszutreten. Das Leben auch als Lernfeld zu begreifen und Scham und Schuld sachlich werden zu lassen.
Was bedeutet das für Dich und Deine Arbeit? Humor kann ein Schutzschild für Dich sein! Es kann aber auch ein guter Türöffner für die emotionale Welt Deiner Klienten sein.
Verstehe mich an dieser Stelle nicht falsch. Es geht nicht darum die Themen und Gefühle Deiner Klienten ins Lächerliche zu ziehen. Es geht vielmehr darum, auf eine charmante Art den Druck und die Schwere aus einer Situation zu nehmen. Die besten Themen um mit Humor zu arbeiten sind Stress, Selbstbewusstsein, Angst vor Präsentationen und zwischenmenschliche Befindlichkeiten.
Oft reicht ein gutes Zitat, um in die Themen der Klienten einzusteigen.
Der große Vorteil beim Einstieg mit charmanten Zitaten ist, daß es den Klienten entspannt und eine schöne Brücke zwischen Klient und Coach bauen kann.
Hier ein paar Beispiele, die ich nach Themen für Dich sortiert habe. Viel Freude beim Entdecken!

Feedback geben
Ein Kompliment ist die charmante Vergrößerung einer kleinen Wahrheit (Johannes Heesters)

Es ist nett wichtig zu sein. Es ist aber wichtiger nett zu sein
(Roger Federer)

Mancher lässt sich lieber durch Lob ruinieren, als durch Kritik retten
(Renata Tebaldi)

Man kann sich keine „Feinde machen“. Sie sind immer schon da
(Werner Schneyder)

Umsetzung von Arbeitsaufträgen
Wenn Sie heute eine Idee killen wollen, brauche Sie nur dafür zu sorgen, daß ein Komitee darüber berät
(Charles Kettering)

Deine unzufriedensten Kunden sind Deine beste Lernquelle
(Bill Gates)

Es ist sinnlos von Göttern zu fordern, was man selber zu leisten vermag
(Epikur)

Frage nie Deinen Frisör, ob Du einen Haarschnitt brauchst
(Warren Buffet)

Umgang mit schwierigen Mitmenschen
Der Neid ist die aufrichtigste Form der Anerkennung
(Wilhelm Busch)

Mach nur einmal das, von dem andere sagen, daß Du es nicht schaffst, und Du wirst nie wieder auf deren Grenzen achten müssen
(James R. Cook)

Toleranz ist die Fähigkeit, Wiederspruch zu ertragen
(Phillipe Soupault)

Verbleib Regeln
Telefonieren Sie mit mir oder rufen Sie mich an
(Jörg Wontorra)

Das haben wir noch nie probiert, also geht es sicher gut
(Pippi Langstrumpf)

Wenn man denkt, was alles passieren könnte, hat man den Finger schon an der Bremse
(Erik Zabel)

Selbstbewusstsein
Niemand kann Dir, ohne Deine Zustimmung, das Gefühl geben, minderwertig zu sein
(Eleanor Roosevelt)

Es ist kein Geheimnis, Du bekommst was Du gibst
(Tupac Shakur)

Neid muss man sich hart erarbeiten
(Edzard Reuter)

Keine Grenze verlockt mehr zum Schmuggel als die Altersgrenze
(Robert Musil)

Umgang mit Stress
Faul sein ist wunderschön! Und dann muß man ja noch Zeit haben, um einfach dazusitzen und vor sich hin zu schauen
(Pippi Langstrumpf)

Ich hoffe mein Schaden hat kein Gehirn genommen
(Homer Simpson)

Die Lage ist hoffnungslos, aber nicht ernst
(Paul Watzlawick)

Vielleicht stimmt da mit Deinem Gefühl was nicht
(Loriot)

Prima sind auch **Stories** über **eigene Missgeschicke**. Damit ziehst Du das Thema erst einmal in Deine Richtung und nimmst dem Klienten die Pein. Ein Beispiel von mir zum Thema Angst vor Präsentationen:

Ich sollte einen Vortrag vor 47 leitenden Angestellten halten zum Thema Achtsamkeit. Der Saal, in dem der Vortrag stattfinden sollte war zwar sehr schön ausgestattet und nobel eingerichtet, allerdings fehlten Fenster und eine ordentliche Ausleuchtung. Der Raum war mit einem dunklen Teppich versehen und um Unfälle zu vermeiden waren auf dem Teppichboden Kabelkanäle verlegt worden. Leider führten diese aber quer über den Wirkungsbereich des Sprechers.

Als ich die Technik einrichtete stolperte ich das erste Mal über einen solchen Kabelkanal. Ich nahm mir vor während des Vortrages auf die Kabelverlegung zu achten. Während meiner Probe des Vortrages stolperte ich dann erneut 2 Mal über die Kabel. Wieder nahm ich mir vor auf den Fußboden zu achten. Dann war es soweit und die Tagungsteilnehmer nahmen ihre Plätze ein. Es wurde still und alle Augen waren auf mich gerichtet. Endlich kann ich mein Wissen zum Besten geben, dachte ich. Ich stellte meine Person vor und wollte gerade erläutern warum ich einen Vortrag über Achtsamkeit halte, als

ich zum vierten Mal über diesen Kabelkanal stolperte. Es brach ein lautes Gelächter aus. Erst dachte ich, daß ich für mein Missgeschick ausgelacht werde. Dann aber begriff ich die Situationskomik. Die Teilnehmer dachten, es gehörte zur Anmoderation dazu (Achtsamkeit – Stolpern).
Als sich die Teilnehmer wieder beruhigt hatten, kommentierte ich den Vorfall mit dem Spruch „spätestens jetzt habe ich Ihre volle Aufmerksamkeit". Die Teilnehmer lachten erneut und ich konnte mit meinem Vortrag beginnen.

Was lernen wir daraus? Das beste Missgeschick kann auch ein Türöffner und Sympathiebringer sein. Wozu also Angst haben?

Für solche Geschichten sind die Klienten unendlich dankbar. **Es bestätigt die Hoffnung, daß eben niemand perfekt ist!**
Du kannst dich als Coach jetzt ganz entspannt dem Thema Deines Klienten widmen, denn der Stress Deines Klienten hat sich wesentlich verringert. **Für euch beide kehrt Ruhe und Raum für die Sache oder das Thema ein.**

Wie kannst Du Humor für Dich persönlich wirken lassen? Vielleicht kennst Du Personen in Deinem Umfeld, die Du gerne um dich hast, weil Sie immer einen lockeren Spruch parat haben oder Situationen mit dem passenden Witz veredeln können. Beobachte einmal, was mit Dir in deren Anwesenheit passiert.
Stress wird in Gelassenheit verwandelt. Ärger in Spaß. Das kannst Du auch.
Ich erinnere noch einmal an die Definition des Dudens die da heißt, daß Humor die Fähigkeit und **Bereitschaft** ist, auf bestimmte Dinge heiter und gelassen zu reagieren.

Lachen ist gesund

Dem Thema Lachen möchte ich einen ganz besonderen Raum geben. Es ist nämlich viel wertvoller und tut für die Psyche mehr als man bis jetzt wusste. Deshalb halte ich das Lachen für ein unverzichtbares Hilfsmittel um mit den Gegebenheiten des Alltags umzugehen. Du solltest das Lachen also ziemlich ernst nehmen.

Die wichtigsten Fakten der Gelotologie (Lachforschung):

1. Lachen verbrennt Kalorien! In der Vanderbild University in Nashville fand man heraus, daß bereits mit 10 Minuten herzhaften Lachens bis zu 50 Kalorien verbrannt werden können.

2. Lachen versorgt Deinen Körper mit mehr Sauerstoff. Das wiederum ist optimal für Dein Gehirn. Dieses kann durch Sauerstoff am besten mit Energie versorgt werden. Auch Dein Herz profitiert davon.

3. Lachen hält Deine Muskulatur geschmeidig. Je nach Intensität werden Deine Gesichtsmuskeln, Schultermuskeln und Bauchmuskeln beansprucht. Durch die Anspannung und folgende Entspannung wird Deine Muskulatur elastisch gehalten. Es konnten auch schon Verbesserungen bei chronischen Schmerzen und Verspannungen beobachtet werden.

4. Lachen sorgt für eine hohe Ausschüttung von Glückshormonen. Dein Belohnungssystem im Gehirn erhält einen echten Push. Stresshormone werde abgebaut. Dein Körper und Geist kommen in die Entspannung. Bei gezielter Anwendung des Lachens konnten auch positive Verläufe bei Therapien von Deprimiertheit und Stress Belastung festgehalten werden.
   Für Deinen Beruf also eine geeignete Selbstbehandlung ☺

5. Regelmäßiges Lachen wirkt dauerhaft positiv auf Deine Stimmung. Diese wird positiver und optimistischer werden.

6. Lachen reinigt Deine Stimmbänder. Das Lachen ist wie ein gesundes Abhusten. Es hält Deinen Sprachapparat geschmeidig und beugt Heiserkeit vor.

7. Lachen massiert Deine Eingeweide!

8. Regelmäßiges Lachen verschafft Dir eine positive Ausstrahlung. Deine positive Energie strahlt nach außen und beschert Dir positives Feedback in Form von freundlichen Gesichtern sowie freundlicher und wertschätzender Kommunikation.

9. Lachen steckt an. Du hast sicherlich auch schon ganz ohne Grund Tränen gelacht, nur weil Du mitbekommen hast daß sich eine oder mehrere Personen vor Lachen fast gekugelt hatten. Verantwortlich sind unsere Spiegelneuronen im Gehirn.

10. Lachen verändert Dein Energiefeld in eine positive Resonanz. Das bedeutet, daß die Grundposition Deiner Mundwinkel nach oben gehen.
    Dein Gegenüber erfasst die positive Energie um Dich herum und genießt Deine Gegenwart. Das ist für uns Coaches das A und O!

Lachen ist ein wunderbarer Klebstoff der Menschen miteinander verbindet. Lachen signalisiert, daß im momentanen Augenblick alles zum Besten steht. Entspannung stellt sich ein. Themen können leichter betrachtet und bearbeitet werden. Negative Gedanken verlieren ihre Gewichtung und zum Teil auch ihren Präsenz. Für Dich heißt das außerdem, daß nicht unbedingt jemanden benötigst mit dem Du lachen kannst. Das schaffst Du wunderbar alleine. Worüber kann man herzhaft lachen?

- Über Dich selber! Was ist Dir schon einmal passiert, daß Dir zwar in dieser Situation unglaublich peinlich war, dann aber bei näherer Betrachtung eine unglaubliche Komik in sich trug?

- Über wunderbare Versprecher von Dir oder anderen.

- Sogar über die Missgeschicke anderer. Hier bitte unbedingt zu unterscheiden, ob die Missgeschicke einer anderen Person geschadet haben oder ob die Situation positiv endete. Bei ersterer Variante lacht man natürlich nicht!

- Comedy-Podcast im Internet

- Ausgewählte Filme in Kino oder Fernsehen

Du kannst Dich aber auch tatsächlich mit Menschen zusammentun, die nichts anderes im Sinn haben außer zu lachen. Es gibt mittlerweile unzählige Lachyogagruppen und Lachstammtische. Das sind alles Verfechter der guten Laune und derer heilsamen Wirkung.
Ich habe 2016 eine Ausbildung zur Anleitung von Lachyogagruppen mitgemacht. Anfangs war der Grundgedanke eher Neugier. Ich wollte unbedingt wissen, wie Lach Yoga funktioniert. Schon beim ersten Ausbildungswochenende hat mich dann die Wirkung des Lachens gepackt. Ich hatte so viel gute Endorphine im Blut, daß mich nichts mehr aus der Fassung brachte. Ich war vollkommen entspannt und jede nervige Situation verlief bei mir unkommentiert im Nichts.
Meine Empfehlung daher an Dich ist: Nutze diese wunderbare und kostenlose Ressource!

Es ist wie es ist

Nehmen wir einmal an, es gäbe eine Führungskraft, welche bei allem was schief geht die Schuld an die Beteiligten verteilen würde. Statt Fehler als Chance zur Weiterentwicklung zu sehen, wären die Fehler die Gelegenheit ihre Mitarbeiter klein zu halten, schlechte Gewissen zu platzieren und die Fehler in Bezug zu den Personen zu bringen. Auf Dauer wären die Folgen für die Mitarbeiter als Individuum sowie für das Teamgefüge sehr ungünstig. Konkurrenz und Neid würden gefördert. Die Stimmung würde sich verschlechtern. Gute Mitarbeiter gingen vielleicht zu anderen Arbeitgebern. Von denen die blieben steuerten 25% des restlichen Teams in einen Burn Out. Die anderen 75% versuchten vielleicht die Abteilung am Laufen zu halten. Das Vertrauen der Kollegen und der Tonfall wären vermutlich schlecht bis katastrophal.
Leider gibt es solche Vorgehensweisen zu Genüge. Vielleicht kennst Du bereits dieses Szenario.

Eine schlechte Fehlerkultur in einem Unternehmen ist natürlich für alle von großem Nachteil.
Noch schlimmer ist es aber, wenn dieses Konzept in einem Ein-Mann-Betrieb gelebt wird und der Betroffene gleichzeitig sein eigener Chef ist!

Beantworte Dir mal ganz ehrlich folgende Fragen:

1. Haderst Du mit Deinen Fehlern?
2. Bis Du streng mit Dir?
3. Bist Du ein Perfektionist?
4. Suchst in den Dingen die schief laufen grundsätzlich Deinen Fehler-Anteil? Wenn das so ist, dann lade ich Dich ganz herzlich auf eine neue Sichtweise ein.

Wir alle haben sowohl Kritiker als auch Fürsprecher in unseren Köpfen. Ich gehe davon aus, daß Dir die Dialoge dieser Beiden sehr wohl bekannt sind. Kritiker und Führsprechen haben also nichts Besseres zu tun, als 24 Stunden am Tag irgendwelche Kommentare loszuwerden und zu bewerten. Dabei gibt es keine Ausnahmen. Das fängt schon morgens beim ersten Blick in den Badezimmerspielgel an.
Kritiker: Ach Du meine Güte, wie siehst Du denn aus? Hast Du die ganze Nacht durchgefeiert? Was sollen denn die Menschen denken, die dich heute zu Gesicht bekommen? Geht ja gar nicht! Und immer machst Du den gleichen Fehler. Mit Arbeit und Gegrübel im Bett kann das auch nichts werden.

Fürsprecher: Du armes hast mal wieder viel zu wenig Schlaf bekommen. Das geht Menschen halt mal so, die viel Arbeiten. Du bist ja immer für 10 Mann gleichzeitig da und versuchst es immer allen recht zu machen. Das fordert nun einmal seinen Tribut. Du brauchst mal wieder ein paar Tage frei. Gönn Dir was Gutes!

Die nächste Situation ist noch eine Stufe härter. Stell Dir vor Du machst einen Fehler.
Kritiker: Wie blöd muß man eigentlich sein? Hast Du nicht mitbekommen, daß Deine Maßnahme keinen Nutzen bringt? Du hättest aktiver zuhören müssen und nicht in die Interpretation gehen. Das kannst Du Dir wirklich nicht oft leisten, sonst wird keiner mehr mit Dir arbeiten wollen!

Fürsprecher: ....
In dieser Situation fällt Deinem Fürsprecher einfach nichts ein. Er ist und bleibt stumm. Zurück bleibt das Gefühl des Versagens und der Selbstwert sinkt in das Unermessliche.
Wie oft hast Du Dich bereits hinterfragt? Wie oft hast Du Dir geschworen bestimmte Fehler nicht mehr zu machen? Und zack, schon wieder.
Im Grunde hast Du immer zwei Möglichkeiten.

1. Du regst Dich auf und ärgerst dich über Dich selber. Ändert das die Situation? Nein

2. Du betrachtest die Situation und konzentrierst Dich auf den Punkt, an dem die Situation in die falsche Richtung gelaufen ist. Ändert das die Situation? Nein, aber es gibt Dir die Chance daraus zu lernen und für die Zukunft andere Entscheidungen zu treffen.

Zweiter Lösungsansatz ist natürlich für Deine Gesundheit und Dein Selbstbewusstsein wesentlich besser. Dorthin zu gelangen ist allerdings ein Prozess, der etwas Übung benötigt.

Versuche beim nächsten selbstkritischen Dialog folgendes.

1. Bitte Deinen inneren Kritiker um Ruhe
2. Gehe aus der Situation heraus und betrachte sie von außen, als wenn die Situation einer fremden Person passiert wäre
3. Betrachte die Situation ganz sachlich. Was ist passiert? Warum ist es passiert? Was ist das aktuelle Thema?
4. Jetzt frage Dich: Wie Schlimm ist die aktuelle Situation oder das neue Thema wirklich? oder Was ist das Schlimmste, daß jetzt auf mich zukommen könnte?

5. Gehe jetzt sachlich in die Analyse: Kann ich das Thema oder die Situation lösen? oder wie lautet die Lösung zum Thema oder der Situation?

Wenn wir nüchtern auf unsere „Ärgernisse“ blicken, dann können wir uns zu unser aller Wohl eine entscheidende Frage stellen: Was hat die Emotion an der Situation oder an dem Thema geändert?
Die Antwort ist ein klares: NICHTS! Im Gegenteil. Emotionen verschlimmern die Themen und Situationen, da wir anfangen mit negativen Gefühlen zu hantieren. Was machen negative Gefühle mit unserem Körper und unserem Geist?
Unser Körper wird unter Umständen auf Dauer krank. Ärger geht auf den Magen, das Herz und die Muskulatur. Wir fühlen uns eh schon schlecht und suchen am Ende vielleicht sogar noch die Bestätigung der schlechten Emotion bei unseren Mitmenschen. Alleine beim Schreiben dieses Szenarios wird mir ganz blümerant!
Um auf Dauer mit Deiner Gesundheit gut zu haushalten ist folgende Vorgehensweise das wichtigste überhaupt: Nehme die Situation so hin, wie sie ist! Oder in anderen Worten ausgedrückt: Es ist wie es ist!
Ein Klient springt mitten im Coachingverlauf ab. Es ist wie es ist!
Du wirst aus Deinen Praxisräumen wegen Eigenbedarf rausgekündigt. Es ist wie es ist! Du trittst in einer Coachingsitzung in ein riesengroßes Fettnäpfchen. Es ist wie es ist! Du hast Dich ausgesperrt und der Schlüssel hängt in der Innenseite der Tür. Es ist wie es ist!
Es ist passiert, Du kannst es nicht ändern. Das einzige, was Du tun kannst ist Dir zu überlegen, welche Lösung es gibt und ob Dein Tun eine Konsequenz hat. Sei Dir dessen bewußt und lebe und arbeite weiter. Tu es um Deiner Gesundheit Willen.
Möchtest Du Dich dennoch ärgern, dann empfehle ich Dir den Tip von Vera F. Birkenbihl: Stelle Dir eine Eieruhr auf 2 Minuten. In diesen zwei Minuten kannst Du dich grün und blau ärgern. Du darfst toben, schreien und schimpfen. Sobald die Eieruhr klingelt gehe wieder in die sachliche Ebene und betrachte die Themen und Situationen wie sie sind.
Und jetzt bist Du dran. Worüber hast Du dich in letzter Zeit geärgert? War es das wert?
Gehe in den 5 Schritten vor:

Ein paar entspannende Übungen für Dich

Dies sind Anregungen für Dich. Du kannst diese Übungen auch gerne mit einem Übungspartner machen, der die Entspannungsübungen anleitet.

1. Hoch in den Lüften

Lege Dich bequem auf den Boden, das Sofa oder Dein Bett. Atme 6 Mal tief durch die Nase ein und durch den Mund wieder aus. Schließe die Augen und stelle Dir vor, Du wärst ein prächtiger Adler. Dein Gefieder glänzt in der Sonne Du kannst spüren wie der Wind durch Deine Federn streift.
Du sitzt auf einem Felsvorsprung und stößt Dich mit Deinen kräftigen Krallen zum Flug über das Tal ab. Deine Schwingen spielen mit der Thermik und Du genießt das Spiel mit dem Wind. Du fliegst hoch hinauf und drehst große Kreise um eine wunderbare Phantasielandschaft. Die Sonne scheint und es ist angenehm warm.
Du spürst Deine kräftigen Schwingen im Spiel mit dem Wind und fühlst Dich stark und unantastbar. Du bist der König/die Königin der Lüfte. Nichts kann Dir etwas anhaben. Dein Verstand ist glasklar. Du atmest klare und würzige Luft. Du kannst den Wind an Dir vorbeipfeifen hören. All das gibt Dir ein guten Gefühl. Du bist in frei und triffst Deine eigenen Entscheidungen. Niemand hält Dich von Deinem Streifzug durch den Himmel ab. Es gibt nur Dich, die Sonne, den Wind und unter Dir die wunderbare Landschaft.
Genieße jetzt noch für einige Minuten diesen Zustand.
Jetzt wird es Zeit, wieder zurückzukehren.
Du fühlst Dich gestärkt, motiviert und klar. Es kann weitergehen.
DU BIST EINE STARKE PERSÖNLICHKEIT!
Lebe es.
Welche Ideen kamen Dir während der Übung?

2. Im grünen Wald

Sorge dafür, daß Dich keiner für die nächsten 15 Minuten stört.
Lege Dich bequem auf eine Matte (bequeme Unterlage). Schließe die Augen.
Atme 6 Mal so tief es geht durch die Nase ein und durch den Mund wieder

aus. Stelle Dir bei jedem Ausatmen vor, wie Anspannung, Ärger oder Sorgen Deinen Körper verlassen. Du darfst alles was Dich beschäftigt für 15 Minuten loslassen.
Gehe in Deiner Phantasie in einen wunderschönen und wohlduftenden Wald. Du kannst in der Ferne einen Kuckuck hören. Vögel zwitschern und singen ihre Lieder. Die Sonne scheint durch die Bäume. Das Klima im Wald ist angenehm. Du siehst das Farbenspiel der verschiedenen Grüntöne in den Blättern der Bäume.
Du läufst barfuß und spürst unter Dir das warme samtweiche Moos. Neben Dir steht ein uralter und großer Baum. Die Rinde des Baumes ist grob und duftet erdig und holzig. Du berührst den Baum mit beiden Händen und spürst die grobe und warme Struktur der Baumrinde. Du spürst die wohltuende Energie, welche von diesem alten und großen Baum ausgeht. Du spürst wie der Fluß des Lebens durch jede Zelle im Baumstammt fließt. Die Energie geht auf Dich über und betankt Dich mit Kraft. Du spürst die Energie des Baumes die durch Dich hindurchfließt. Deine Füße stehen fest auf dem moosigen Waldboden. Kraft und Energie durchfließen Dich.
Du kannst die würzige Waldluft riechen. Es riecht nach Kräuter, Pilzen und Holz. Ab und an rascheln die Blätter in den Bäumen. Ein Schmetterling dreht seine Kreise und erfreut sich am Spiel mit dem Wind.
Du genießt die wunderbare Umgebung, die wunderbaren erdigen Farben, die frische Luft und das Singen der Vögel.
Entspanne und verweile noch für ein paar Minuten in Deinem wunderbaren und friedlichen Wald. Du fühlst Dich kraftvoll und voller Energie.
Jetzt ist es Zeit langsam wieder in Deinen Raum zurückzukehren. Atme erneut tief durch.
Lege dich für ein paar Minuten auf die Seite um Deinen Kreislauf zu stabilisieren.
Welche Ideen sind Dir während der Übung gekommen?

3. Am blauen Meer
Lege Dich bequem auf eine Matte (bequeme Unterlage). Atme 6 Mal tief durch die Nase ein und durch den Mund wieder aus.

Du spürst, wie Dein Körper sich entspannt und Du vollkommen ruhig und wohlig auf Deiner Matte liegst.
Gehe jetzt in Deiner Phantasie an einen wunderbaren Strand. Stell Dir vor wie das türkisfarbene Meer seine Wellen in gleichmäßigen Abständen an den Strand spült. Es entstehen wunderbare weiße Schaumkronen auf den Wellen. Der Himmel ist hellblau und die Sonne strahlt gelb und warm. Der Sand ist wunderbar warm und fein. Um Dich herum bildet sich eine grüne Landschaft mit Palmen, Bananenpflanzen und farbenfrohen tropischen Blumen.
Du setzt Dich bequem in den warmen Sand. Du kannst spüren, wie der feine und warme Sand durch Deine Hände rieselt.
Es duftet nach Salzwasser, Kokosnuß und tropischen Früchten. Ein leichter Wind weht und schmeichelt Deinem Körper.
Du hörst das singen tropischer Vögel. Du genießt den Blick auf das endlose weite Meer und die Wellen.
Für einen Moment vergißt Du die Zeit und bist einfach nur im Jetzt. Du fühlst Dich entspannt und frei. Du atmest die frische warme Meeresluft und freust Dich über diese wunderbare kurze Auszeit Deines Alltags.
Wieder hörst Du das Rauschen des Meeres. Du bist beschwingt und frei. Nichts kann Dich aus der Ruhe bringen. Du atmest die frische, würzige und klare Meeresluft ein. Alles was Du spürst ist Frieden, Ruhe und Gelassenheit. Verweile noch etwas in diesem wunderbaren Zustand der Leichtigkeit.
Jetzt ist es an der Zeit langsam wieder in Deinen Raum zurückzukehren. Öffne die Augen und strecke Dich genüßlich. Lege Dich noch für ein paar Minuten auf die Seite und Deinen Kreislauf zu stabilisieren.
Welche Ideen sind Dir während der Übung gekommen?

Printed by Books on Demand GmbH, Norderstedt / Germany